The Social Skills Picture Book
Teaching Play, Emotion, and Communication to Children with Autism

图说社交技能

（儿童版）

［美］杰德·贝克（Jed Baker, Ph.D.）/ 著　陈烽 朴知雨 / 译

图书在版编目（CIP）数据

图说社交技能：儿童版 /（美）杰德·贝克(Jed Baker) 著；陈烽，朴知雨译. -- 北京：华夏出版社有限公司，2022.1（2024.4 重印）

书名原文：The Social Skills Picture Book：Teaching Play, Emotion and Communication to Children with Autism

ISBN 978-7-5222-0176-4

Ⅰ.①图… Ⅱ.①杰… ②陈… ③朴… Ⅲ.①孤独症－心理交往－儿童教育－特殊教育－图解 Ⅳ.①G766-64②C912.11-64

中国版本图书馆 CIP 数据核字(2021)第 178327 号

©2001 Jed Baker, PhD
Permission for this edition was arranged through Future Horizons.

©华夏出版社有限公司　未经许可,不得以任何方式使用本书全部及任何部分内容,违者必究。

北京市版权局著作权合同登记号：图字01-2021-3908号

图说社交技能(儿童版)

作　者	[美]杰德·贝克
译　者	陈　烽　朴知雨
责任编辑	薛永洁

出版发行	华夏出版社有限公司
经　销	新华书店
印　装	三河市万龙印装有限公司
版　次	2022年1月北京第1版 2024年4月北京第3次印刷
开　本	720×1030　1/16 开
印　张	14.5
字　数	35 千字
定　价	88.00 元

华夏出版社有限公司　地址：北京市东直门外香河园北里4号
邮编：100028
网址：www.hxph.com.cn
电话：(010) 64663331（转）

若发现本版图书有印装质量问题，请与我社营销中心联系调换。

谨以此书献给

孤独症谱系障碍孩子及其家长，

是他们让我明白应该教什么、怎么教。

为了表达我对他们的谢意，

我将本书部分收益捐给北谷地区高中学区的"谷计划"项目，

用于开发课程资源，帮助那些有需要的学生。

推荐序

在培智学校工作二十多年来，随着孤独症诊断的发展及社会对孤独症关注度的提高，我深感孤独症群体从少到多的数量增长，从典型到谱系的发展变化，从单一障碍到合并症的复杂多样。而孤独症孩子能力的千差万别，对特殊教育学校和普通学校都是一大挑战。孤独症孩子的社交沟通障碍和狭隘兴趣、重复刻板行为及感知觉异常，让他们的思考与行为方式与普通人的不一样，学习、生活都受到影响。我们的学生中，有和他人交流时距离很近，盯着对方一直看的；有和他人聊天时，直接说出对方脸上痣的数量的；有不管他人是否在忙，不能等待，一定要与其说话的；有在不同场合都大声说话的；有用重拍他人的方式打招呼的；有因为语言理解与表达的困难直接以攻击行为进行沟通的。他们的这些问题需要身边的人帮助他们认识并学习解决。因此，作为特教教师的我们及孩子的父母都特别需要得到一些专业的指导，让孤独症孩子能更好地融入社会，提高他们的生活品质。

华夏出版社寄给我《图说社交技能》（儿童版和青少年及成人版）这套书时，书名立刻吸引了我，因为它解决的是孤独症孩子的核心问题，"图说"二字更激发我读下去的兴趣。细细品味，原版书作者抓住了孤独症孩子的视觉学习优势，通过图文结合的视觉提示向他们呈现学习内容，简洁且易于理解，以这种视觉支持的方式帮助他们习得社交技能。全书所用照片都是真人实景，可以最大限度受用于孤独症群体。为了让学习者更好地泛化社交技能，书中提供了正例和反例，以对比的方式展现同一技能在不同情境下的应用。作者不仅介绍了社交技能的具体内容，也详细讲解了如何借助此书展开自学，这些建议都便于操作。书中针对每个社交技能的教学设计都有相对固定的模式，为教学者或孤独症群体自学提供了清晰的思路。更可贵的是，由于孤独症个体的差异性，作者提供了自制社交技能图画书的方法和注意事项，便于有需要的个体私人定制，如举例说明如何根据个体差异对社交技能进行任务分析。

对孤独症个体的干预会在其不同发展阶段遇到不同的问题，此书分为儿童版和青少年及成人版，其内容的侧重点有所不同。儿童版涵盖沟通技能、游戏技能、情绪管理技能，青少年及成人版涵盖非言语提示／身体语言、对话、发展和巩固友谊、学校和职场相关技能。尽管这两版讨论的社交技能有交叉，如都有针对"不要跟人挨得太近"的教学且核心技能的要求是一样的（保持一臂距离、不要靠得太近），但根据不同的年龄段，两版设置了不同的人物形象和情境，例如：儿童版中主人公是同性别的小朋友之间或者小朋友和老师之间，情境涉及玩耍时、打招呼时、排队时、讲话时；青少年及成人版里的情境多发生在异性同学之间，从青春期心理发展考虑，情境涉及午餐时、打招呼时、上课时、上洗手间时。

对于孤独症孩子，社交技能是需要教学且可以教学的，以视觉方式呈现社交技能可能比口头说教更具一致性，便于他们理解，避免焦虑，学会与他人更适当地沟通，提高独立性。此书图文结合，比较实用，易于家长及相关特教人员操作，适合所有在社交技能上需要提升的人。这本承载专业教学方法的书以深入浅出的方式让我们明白如何在了解孤独症人士的基础上教导他们掌握社交技能，支持他们与我们更好地相融。

俞林亚
杭州市杨绫子学校

致　　谢

感谢所有参与此书图片拍摄的学生及其家庭，尤其要感谢来自北谷地区高中学区的两位专业人士。一位是特殊教育督导约翰·麦肯（John Mckeon）先生，对于所有能够帮到学生的课程项目，他都给予了坚定的支持和热情的鼓励。一位是行为咨询师艾伦·多伊尔（Ellen Doyle）女士，是她率先建议使用视觉工具帮助学生，为这个项目提供了灵感。

感谢本书编辑薇若妮卡·帕尔玛（Veronica Palmer），是她整理了所有的照片及其配文，使之结构明确、条理清晰，本书才最终得以出版。

最后，感谢我的夫人贝丝（Beth）和我的孩子杰克（Jake）、林德塞（Lindsay），家人们的存在一直提醒着我，无论做什么事情，幽默有趣都是最为重要的，在教学方面尤其如此。

目录

第一部分

孤独症的本质 ……………………………… 3
 孤独症简介 ……………………………… 3
 视觉支持在孤独症谱系障碍儿童教学中的重要性 ………… 5

社交技能教学 ……………………………… 7
 回合尝试教学 …………………………… 7
 随机教学 ………………………………… 7
 认知图片教学 …………………………… 8
 社交故事 ………………………………… 8
 结构化教学 ……………………………… 8

社交技能图画书介绍 ……………………… 11
 这套书是什么样的 ……………………… 11
 这套书的适用对象是谁 ………………… 11
 本书使用指南 …………………………… 12
 入门指导 ………………………………… 12
 是否应该让学生了解不当行为是什么样的 ………… 12
 角色扮演 ………………………………… 13
 复习纠错 ………………………………… 13
 泛化使用所学技能 ……………………… 13

如何制作自己的社交技能图画书 ………… 15
 需要考虑的因素 ………………………… 15
 技能步骤模板 …………………………… 18

参考文献 …………………………………… 19

第二部分

沟通技能 ································· 23

不要跟人挨得太近 ···························· 25
保持倾听的姿态 ······························ 31
想要插话怎么办 1（打不开瓶盖，想求助） ······ 35
想要插话怎么办 2（拉不好拉链，想求助） ······ 41
想要插话怎么办 3（想要小伙伴的玩具） ········ 47
怎样与人打招呼 ······························ 53
与人交谈学会倾听 ···························· 59
怎样开始聊天，怎样聊得下去 1（聊眼前的事） ··· 67
怎样开始聊天，怎样聊得下去 2（聊过去的事） ··· 77
如何结束对话 ································ 89
如何进行自我介绍 ···························· 95
说话看场合，不要当话痨 ····················· 101

游戏技能 ································ 107

怎样邀请小伙伴一起玩 ······················· 109
怎样请求加入别人的游戏 ····················· 115

学会分享 ··································· 121
学会协商 ··································· 125
学会轮流 ··································· 131
学会一起游戏 ······························· 141
游戏输了怎么办 ····························· 147

情绪管理技能 ···························· 155

怎样保持冷静 ······························· 157
怎样表达共情 ······························· 165
遭到拒绝怎么办 ····························· 183
失误犯错怎么办 ····························· 187
害怕尝试新事物怎么办 ······················· 197
遭到戏弄嘲笑怎么办 ························· 205
怎样克服困难 ······························· 213

译后记 ·································· 221

第一部分

孤独症的本质

社交技能教学

社交技能图画书介绍

如何制作自己的社交技能图画书

参考文献

孤独症的本质

孤独症简介

孤独症，用于描述影响个体在感觉、认知、运动、语言以及社会情感等方面发展的一系列症状。按照美国精神病学会（American Psychiatric Association，APA）1994年发布的诊断标准，孤独症的主要特征[①]涉及以下三个方面的缺陷：（1）社交互动；（2）沟通；（3）重复、刻板行为。

社交互动方面的障碍包括难以主动发起对话或者回应他人；不会使用或者回应非言语手势（例如，用手指物）；不能或者缺乏持续目光接触；不会对他人情感做出回应，因而导致无法发展同伴关系，等等。对于谱系人群来说，核心困难就是搞不清楚在社交场合应该怎么做、怎么说。

沟通方面的问题可能包括语用、语义以及语言结构方面的困难。语用，指的是使用语言达到社交目的，如发起或者持续沟通行为。举例来说，从表面上看，有些谱系人群的语言能力完全没有问题，能够表达自己的想法，能够理解他人的表达，但是却很难使用语言进行社交沟通（例如，与其说他们在与人对话，不如说是在对人说话，还有的人在对话中不会根据对方的反应做出回应，而只是复述一些事实性内容或者从电影电视节目中看来的只言片语）。很多谱系人士还有语义方面的问题，如理解不了词义，尤其是抽象词汇、比喻或者谚语等。例如，他们听到别人说"可别露马脚啊"，就有可能真的去找"马脚"，因为他们不懂这里的隐含意思是"不要泄密"。语言结构方面的问题指的是不能正确使用语法和句法。很多谱系人士很难造句，也不太能够理解句子结构。

还有重复、刻板以及仪式化行为问题，这主要是因为谱系人群在兴趣爱好、生活规律以及行为动作方面不太喜欢变化。很多谱系儿童会极度沉迷于某种特别的兴趣，无法自拔，因而排斥学习新东西、探索新领域。例如，我认识的一个孩子，对吸尘器迷得如醉如痴，其他话题一概不理。很多谱系人士还会坚持完成一些没有实际意义的行为模式或者程序，看起来好像迷信一样。例如，

[①] 编注：《精神障碍诊断与统计手册（第5版）》（DSM-5）（APA，2013）将三大特征改为两大特征，即将社交互动与沟通的缺陷归为同一大类，而重复、刻板行为仍作为另一大类。

我曾经有一个个案，他去卫生间之前，必须把房间里挂着的所有画都弄歪才行。还有一些谱系孩子，可能会反复地按照某种模式排列玩具积木、字母或者数字。生活中一旦出现意外或者变动，他们就会感到非常焦虑不安。小龄孤独症孩子还会表现为语言刻板，如反复重复某个词，或者动作刻板，如反复用手做扇风的动作、摇晃身体或者原地转圈。

根据定义，孤独症指的是在上述三个核心症状领域（即社交互动、沟通、刻板行为）都出现问题。但是，也有一些人只在其中两个领域表现异常。鉴于上述三个领域出现的问题表现各不相同，研究人员和临床医生将这些情况统称为孤独症谱系障碍，而不是仅仅称之为孤独症。孤独症谱系障碍包括孤独症（还有高功能孤独症）、阿斯伯格综合征以及未明确归类的广泛性发育障碍（简称PDD-NOS，指的是符合谱系诊断标准，但是却不像孤独症或者阿斯伯格综合征那样完全符合某种特定障碍的标准）。在这个谱系中，既有没有语言、智力极低的人群，也有能言善辩、智商极高的人群，不过他们的核心问题都是一样的，那就是社交互动困难和重复刻板行为。例如，阿斯伯格综合征人群的智商与普通人的不相上下甚至高出很多，也没有任何语言结构问题，但是在社交互动方面仍有困难，也有重复、刻板行为。

虽然孤独症谱系障碍人群的症状表现千差万别，智力水平也不尽相同，但是很多研究表明，他们的核心问题其实是一样的。

在这些研究中，有三个理论尤为引人注目，而且可能互相关联：

- 弗里斯（Frith, 1989）提出，社交情境中，各种各样的语言、社交以及情感信息常常同时出现、彼此交织，而谱系障碍人士很难将这些信息整合起来。他们的神经系统存在异常，因此很难把所需要的相关信息一一梳理清楚，综合加工成一个整体。而在大多数社交情境中，感官输入信息都是多层面、多渠道的，因此，谱系障碍人士常常无法获取全部有用信息，也就很难理解周围发生了什么或者不懂应该如何回应。所以，他们获得的社交经验可能只是碎片信息，而在此基础上做出的处理和反应，就导致了刻板和异常的社交行为。

- 巴伦－科恩（Baron-Cohen, 1995）指出，谱系人士的核心问题是很难解读他人的想法和感受，这种能力被称为"心智解读能力"（theory of mind，也译为心智理论）。因此，谱系人士很难换位思考。

- 霍布森（Hobson, 1996）认为，孤独症谱系障碍人士很难理解和体会他人的情感表达。这就导致他们很难换位思考，所以才引发了社交互动中的一系列问题。

上述三个理论其实是互为补充、相辅相成的。巴伦－科恩和霍布森的理论都认为谱系人士很难与他人共情，也很难理解他人的角度。而弗里斯的理论则解释了个中原因：不能同时整合某一社交情境中的所有信息，所以就很难想象别人是怎么想的或者什么感觉。想要进行换位思考，必须要综合考虑很多因素（例如，对方的经历、立场以及个人偏好），还必须结合眼下发生的事情和情境。

其实，大部分社交技能都取决于换位思考的能力。例如，我们知道跟别人碰面应该说声"你好"或者"嗨"，这是因为我们知道如果对他们视而不见、置若罔闻的话，他们可能会不开心。如果能够换位思考，我们很自然就能明白什么时候应该结束谈话，什么时候应该轮流等待，什么时候应该做出回应，什么时候应该见好就收，什么时候应该伸出援手，什么时候应该无私分享。但是，对于谱系人士来说，这些社交技能并不是与生俱来的，必须事无巨细、不厌其烦地去教。而这正是我写作本书的原因，那就是把上述这些社交技能进行分解，详细地示范在各种社交情境中应该怎么做、怎么说。

视觉支持在孤独症谱系障碍儿童教学中的重要性

一般说来，孤独症人士都有语言或者注意力方面的问题，这些都会影响他们通过语言信息学习的能力。前文已经提到，很多谱系人士在语言理解方面存在困难。即便有些人在理解词义方面没有困难，但是在学习或者工作的时候也很难保持专注，尤其是他们还经常沉迷于自己感兴趣的东西，因而无法集中精力做该做的事。利用视觉支持帮助孤独症谱系障碍人士理解，之前也有文献记载过（例如，Quill, 1995）。即便是没有障碍的学生，很多也能受益于视觉支持，因为视觉支持可以对语言信息做出解释和补充。视觉支持有三个优势：（1）能够把抽象的语言信息具体化；（2）能够一直保留，不像听觉信息那样转瞬即逝，一旦走神儿就会错过；（3）更能吸引注意力。

本书主要描述如何使用视觉支持来帮助谱系人士学习社交技能。当然了，普通学生也可以从中受益，不过这套书对于那些有听觉或语言处理障碍、很难理解抽象概念或者很难保持专注的学生特别有用，这中间就包括确诊为孤独症谱系障碍、注意力缺陷多动障碍以及有其他学习障碍的学生。

社交技能教学

社交技能的教学策略有很多，但所有的策略都有一个共同的指导思想，那就是尽量帮助谱系人士厘清社交信息、明白他人角度，而这些常常是他们自己注意不到的。下面介绍几种用于社交技能以及其他行为的教学策略。所有这些教学方法都可以结合图画书、示范等视觉工具一起应用，提高语言指令的教学效果。

回合尝试教学

回合尝试教学一直用于教授基础的语言、认知技能以及最基本的社交技能。这是一种以教师指导为主体的教学方法，经常使用肢体辅助，因此教学对象的语言理解能力如何，对于教学效果影响不大。回合式教学由四个部分组成：提示、辅助、行为、强化。例如，想要教会谱系孩子进行目光接触。先进行提示，比如，教师可以指着自己的眼睛对他说"看这里"。之后是肢体辅助，比如，让他转过头来看向教师。而这个孩子可能会向教师看过来，也可能会看向另一边，如果是前者，那么教师就可以对这个行为进行强化。

随机教学

"随机"，这里指的是在对谱系儿童进行社交情境教学的时候，最好是利用自然机会，而不是设计好的结构化课程。其目的在于让谱系儿童接触到的社交情境一点一点地丰富起来，在这个过程中，让他们熟悉更多的社交线索和行事规则。在非结构化沟通和游戏中，使用这种教学策略促进小组活动，教学效果非常明显。

对于有些孩子来说，随机教学可以设计得非常具体，可以经常使用视觉支持（例如，在游戏中使用轮流卡来提示轮到谁了）、肢体辅助（例如，在孩子肩膀上拍拍，提示轮到他了）。不过，随机教学也可以只谈想法，不针对具体技能。例如，如果一个谱系孩子滔滔不绝、没完没了地谈他自己喜欢的话题——灯具，而周围的孩子明显已经开始不耐烦了，你就可以对他说："看看小伙伴，他们在座位上都坐不住了，开始打哈欠了呢，你猜他们什么感觉？为什么呢？你问问他们还想不想听了，好吗？"当然了，在这种随机教学之后，我们可以使用图片这种视觉支持正式上一节课，主题就是"不要当话痨，大家才爱听"。

认知图片教学

这种教学策略使用类似卡通漫画的图片进行教学，同时遵循正强化的教学理念（Groden 和 Lavasseur，1995）。认知图片教学离不开三类图片：可能导致个案出现问题行为的情境图片、希望个案出现的正向行为图片、强化物图片。这些图片都印在一张张小卡片上，背后写上一系列事情的前因后果。先让学生按顺序看这些卡片，直到他们能够复述每张图片上发生的事情为止。临到学生进入可能出现问题行为的情境之前，再跟他一起复习一遍。

认知图片教学与社交技能图画书不同，前者只针对某一种容易引发问题行为的情境进行演练，而后者是针对广泛适用的社交技能进行示范。举个例子，我曾经有一个7岁的个案，在小组活动的时候，只要有人哭，他就立马跑掉。于是，我们画了几幅画，第一幅是他看见小组里有人哭了（前提），第二幅是他用手堵住耳朵、跑到一个安静的角落（目标行为），第三幅是他完成小组游戏之后得到零食（强化物）。每天晚上他妈妈都会像讲睡前故事一样给他读这些卡片，每次小组活动之前也会复习一遍。令人惊喜的是，从那以后，他没再跑掉了。

社交故事

这种教学策略是卡罗尔·格雷（Carol Gray 等，1993）及其同事提出并完善的，通过以第一人称编写故事，帮助学生提高应对问题行为的意识。故事一般以个案角度描述对某个社交情境的理解开头，接下来描述发生的事情、事情发生的原因以及人们对此情境的感受和看法。故事中包括指导句（即在该情境中应该怎么做），不过重点还是解释该情境中所发生的事情。

和认知图片教学一样，社交故事也需要给学生反复阅读，在进入容易引发问题行为的情境之前也需要再读一遍。我带过阿斯伯格综合征的孩子，有些孩子常常觉得自己被戏弄了，但实际上并没有，在进入这种社交情境之前，我经常使用社交故事来帮助他们。这些故事帮助孩子们明白那个所谓"戏弄"他们的人实际上并没有这样做，也没有这样想。故事里还可以写上如何分辨别人是不是真的在戏弄他（例如，一个人在盯着你说着刻薄的话）。如果社交故事能够非常明确地说明人们是怎么做的、怎么想的，为什么那么做、那么想，就会收到非常理想的教学效果。

结构化教学

格登斯坦（Goldstein）及其同事在"技能教学流程"中提到结构化教学策略（McGinnis 和 Goldstein，1997）。结构化教学包含四个部分：给出指令（分步骤解释该项技能）、进行示范、角色扮演及问题反馈、组内组外练习。

技能教学流程是非常好的教学资源，简述了很多技能步骤。另外，他们提出的技能教学以及泛化模式非常有用。不过，该流程没有涉及语用技能教学的内容，而这些技能对于谱系儿童来说非常必要。另外，该流程对于有些技能步骤描述得不是特别详细，而对于谱系人士来说，如果能够详细描述，可能会有非常大的帮助。

这种教学策略和其他所有依赖语言指令的教学策略一样，关键是要吸引学生的注意力，并让他始终保持专注，并且要确保不使用太过抽象的语言。结构化教学策略，如果能与社交技能图画书一起使用，效果会非常好。

社交技能图画书介绍

这套书是什么样的

本书邀请儿童分步示范各种社交技能,将示范过程拍成照片,并使用这些照片进行教学。每项技能的照片都是分步骤、按顺序排列,类似卡通漫画,配有文字和对话框说明图中人物做这些事的时候是怎么说的,有时还有怎么想的。另外,还演示了恰当方式(有时也有不当方式),也配有文字说明,用来巩固学习效果。

这些照片弥补了谱系人士的先天不足,非常详细清楚地阐释了在不同的社交情境中应该说什么、做什么。而且通过图片形式,最大限度地发挥了谱系人士在视觉信息处理方面的优势,既有助于吸引注意力,又方便他们理解。

不过,阅读图画书并不能代替技能练习。本书只是帮助谱系人群开始学习社交技能的一个有益工具,学会这些技能之后,还要在实际的社交情境中进行练习。如果我们的目标是让学生在某种社交情境中使用某项社交技能,那么只有他在这个情境中能够熟练恰当地使用该项技能,这个目标才算最终达成。但是,学生只有明白了应该怎么做之后,才能真正使用这些技能。本书就是用来帮助他们理解到底应该怎么做的。另外,学生学会某项技能之后,想要继续巩固提升的时候,可以自己查询本书,这有助于提高学生自主学习的能力。学生无论走到哪里,不管是在家还是上学、课间,或者是进入公共场合,都可以随身携带这本书,这样既方便学习,又提高独立性。

本书能让小读者看到:(1)使用某项技能能够达到想要的结果;(2)他人对自己某些社交行为的看法和感受。

这套书的适用对象是谁

适用于大多数普通学生,因为这套书有助于提高他们的专注程度,还能把抽象的社交技能分解为非常具体的步骤。而对于那些有听觉或者语言处理障碍、很难理解抽象概念或者很难保持专注的孩子,这套书尤其适用。这其中就包括那些确诊为孤独症谱系障碍、注意力缺陷多动障碍以及有其他学习障碍的孩子。

本书适用于所有年龄段。不过,因为在本书中出镜的都是孩子,所以建议年龄最好不超过青春期。对于其他年龄段的孩子,甚至成人，您可以制作属于自己的社交技能图画书（详见制作个性化社交技能图画书部分）。

本书使用指南

使用这套图画书，包括以下几个阶段：（1）入门指导；（2）角色扮演；（3）复习纠错；（4）泛化技能。前三个阶段可以反复按顺序进行，这与格登斯坦及其同事在"技能教学流程"中所描述的"结构化教学"非常相似（McGinnis 和 Goldstein，1997）。结构化教学包含四个部分：给出指令（分步骤解释该项技能）、进行示范、角色扮演及问题反馈、泛化练习。所不同的是，在这里是通过社交技能图画书给出指令、进行示范的。这样一来，教学过程中就不必过分依赖语言指令和教师示范。

入门指导

在这个阶段，由教师、助教或者家长和学生一起阅读有关某项技能的内容，直到学生学会解释或者演示该项技能为止。本书中大部分技能教学内容的编写格式都包括一个首页说明，只有文字，没有图片，用于概括解释该项技能的所有步骤。教师要不要带领学生阅读该页，需要视学生的程度状况自行决定。例如，如果学生的语言理解能力较弱，那就可以略过该页，否则学生可能会觉得很受打击或者很没意思。接下来，教师给学生展示书里的图片，按顺序解释这些技能步骤，说明图片中的人物在做什么、怎么想的、有什么感受。

本书使用重复性语言，强化学习效果，虽然语言重复，但是趣味性强，有利于学生保持专注。针对某项技能，教师可以带领学生反复学习所有分解步骤，请学生回答图片中发生了什么。可以这样提问：这张图片里他们在做什么？第一步要怎么做？他有什么感觉？他说什么了？后来怎么样了？对于因能力所限无法回答这些问题的学生，可以请他们完成这些步骤（例如，学到目光接触的时候，问他们"目光接触那张图在哪儿啊"，"给我看看他们在哪儿停下来等的啊"，"这样表示'不好意思、劳驾'合不合适"等）。

是否应该让学生了解不当行为是什么样的

很多情况下，是可以的。不过，这也取决于个案学生的性格特质，教师可以自行决定，可以不对不当行为进行解释或示范，而是将教学重点放在学会恰当行为上。如果是这种情况，那么看书的时候可以把展示不当行为的图片遮起来，因为有些孩子看了这些以后会觉得特别好玩，之后会不断地模仿取乐，这就有可能产生不良后果。另一方面，让学生适当了解哪些是不当行为也有两个好处：（1）同时演示恰当行为和不当行为，可能有助于学生更好地理解某些技能；（2）有些学生可能不愿意进行角色扮演，但如果让他们先表演一下不当行为，他们可能就比较愿意尝试一下，因为这样的话他们就不用担心自己犯错了。当然了，这一切的前提是教师要对自己的学生有充分的了解。如果有些学生经常故意犯错以获取他人注意的话，那就不适合请他们来表演那些不当行为。

角色扮演

在练习阶段，教师请学生按顺序演练这些技能步骤。先按书上的顺序复习所有技能步骤，演练每个步骤时都给学生进行提示。角色扮演的时候，效果最好的办法是安排两位教师，或者一位教师、两名学生。这样的话，教师就不必直接参与角色扮演，而是专注于"教练"的角色，全程为学生提供辅助或者提示。

刚开始的时候，可以先照搬书中的社交情境，之后慢慢做出一些变化，模拟学生实际生活中最适用的情境。

复习纠错

每次角色扮演之后，教师都给出反馈，点评一下每一步演练得怎么样。反馈的时候，记住一定先扬后抑，先大力表扬那些做得合适的部分，针对做得不合适的部分，教师应尽量避免直接指出错误，而是翻到书中对应页，指出正确的要求即可，例如，可以说"这一步，我觉得这样做会更好"。如果需要的话，可以示范一下恰当的方式。不断反馈，反复练习，直到学生能够正确演示该项技能为止。

上述三个技能教学阶段——熟悉步骤、角色扮演、纠错反馈，可以反复进行，直到学生无须辅助就能正确演示所有技能步骤为止。下一步，就可以准备开始泛化使用该项技能了。

泛化使用所学技能

社交技能需要在合适的社交情境中反复练习，才有可能达到泛化使用的程度。泛化使用所学技能，需要满足几个要素：（1）抓住机会在不同的社交情境中进行练习；（2）提示、引导或者诱导教学对象使用该项技能；（3）教学对象自己愿意练习该项技能。

在学校可以创造机会让学生练习使用这些技能，但其实在生活中每天都有很多练习契机。例如，每天都可以利用"给你看听我说"游戏、午餐时间或者围成一圈做游戏的机会来练习沟通技能，还可以利用自由活动时间来练习游戏技能。在家的时候，可以和孩子约定或者让他和兄弟姐妹约定一个游戏时间，或者利用随机教学的机会提示他使用这些技能进行练习。

一旦进入泛化使用阶段，就需要注意"保持一致"。首先，与个案学生接触的大人们要保持一致，他们需要知道最近个案在集中练习的技能有哪些、是什么，这样的话，在不同的社交情境中如果遇到合适的练习时机，他们可以提示学生，并且给出一致的反馈。

家长和教师都要保持敏感，能够敏锐地发现该项技能适用的社交情境，提示学生进行练习。不能等着学生自己做完之后奖励他，而是应该主动提示并引导他完成所有的技能步骤，之后给予代币或者其他奖励。最开始，如果学生还没有完全掌握所有步骤，可以只提示部分步骤。这种做法称为"塑造"教学法。

还有一种时机，可以提示学生练习使用技能，那就是他做错的时候。每次犯错，都是一次契机，可以借机引导学生注意通过恰当的方式才能获得他想要的结果。最后，没有机会也要创造机会。举个例子，在学生面前故意摔倒，看他是否掌握"怎样表达共情"这一技能。或者，把他的笔拿走，然后叫他写字，但是说完之后就去和别人讲话。这个时候，学生为了用笔就得打断你，那么你就可以观察他是否会使用"想要插话怎么办"这个技能。

要调动学生的积极性，鼓励他们使用新学技能，还有一个办法——使用代币制。学生正确使用某项技能，就可以获得代币，攒够代币，可以换取奖励。奖励可以是零食，也可以是某种特权、某个玩具，或者一次自主选择的权利，当然口头表扬肯定也算。做个奖励"清单"会很有用，这样的话学生不会因为总是只能得到同一种奖励而失去兴致。最重要的是，奖励一定要对个案学生有吸引力。对这个学生奏效的，不一定对其他学生奏效。另外，学生学会技能之后，需要想办法逐渐淡化外部激励。可以先用口头表扬代替实物奖励，从每次都给予奖励，慢慢降低频率，最后变成随机奖励（这其实就是现实生活中的真实写照，学生是否能够得到奖励，一切随缘，没有设计），之后让学生明白其实恰当的行为方式本身就可以导致正向的自然后果（例如，学生多多少少得到了自己想要的东西或者结果，或者小伙伴愿意和他一起玩他想玩的游戏）。

如何制作自己的社交技能图画书

需要考虑的因素

对于个案来说，需要使用技能的社交情境是不断变化的，因此，没有任何一套技能是完全适用的。所以，你可以尝试制作自己的个性化社交技能图画书，编写针对某些特定社交情境的技能课程，这样使用起来更加自由。

可以让孩子本人积极参与进来，比如，出镜摆拍，或者从网上或者其他书里收集相关图片。邀请孩子参与制作自己的个性化社交技能图画书，好处多多。首先，出镜摆拍的时候，他们有机会演练这些社交技能，因为亲身参与其中，他们会对如何使用这些技能产生极为深刻的印象。

制作个性化社交技能图画书的时候，需要考虑下列四个方面的问题：（1）你想要教授的目标技能是什么？（2）如何将该项技能进行任务分解？（3）在教学过程中，向学习者重点强调的想法、观点或者感受是什么？（4）怎样将这个图画书系统地整理出来？

A. 确定目标技能

家长、教师、学生本人可以根据具体的情况分析一下目前迫切需要学习的目标技能都有哪些。个性化技能课程可以按照本书26项技能中任何一项的内容格式进行编写，或者，如果个案常常在某一特定情境下出现问题行为，那么也可以考虑是否需要学习其他新技能。出现不当行为，其实是提示我们考虑需要学习哪些技能。这种时候，需要我们考虑"个案通过该行为想要达到什么目的？为什么？"这个分析过程，就是判断该行为的功能，术语称作"功能分析"（Durand, 1990）。

一般来说，出现问题行为，其功能无外乎以下几种：

- 逃避任务
- 获取注意
- 自我刺激
- 实物回报
- 因某些前提刺激而发泄情绪
- 意图报复

不管该问题行为的功能是什么，最重要的应对策略都是教会个案通过更为恰当的方式来获得想要的东西或者回应。这个更恰当的方式，也就是替代行为，就可以作为需要学习的目标技能，成为个性化图画书的教学内容。针对前面提到的行为功能，提供技能教学建议样例如下：

行为功能	不当行为	需要学习的替代行为（技能）
逃避任务	大哭大闹，行为或者语言暴力，拒绝配合	如何提出想要休息一下，如何争取多给点时间，如何请求降低任务难度，怎样克服困难，失误犯错怎么办
获取注意	戏弄嘲笑他人，发出噪声干扰他人，不合时宜的玩笑或者评论，抱怨自己不舒服了、受伤害了	怎样发起沟通或者邀请他人游戏，怎样加入他人交流或者游戏，怎样求助，怎样表示要跟别人说话或者给他看个东西
自我刺激	摇晃身体，用手扇风，原地转圈	如何在尽量不干扰别人的前提下进行这些行为，学会其他放松方式或者平复途径
实物回报	想要玩具或者想要得到某种特权，不给就大哭大闹；不给奖励就不合作	学会接受拒绝，学会等待，学会和人协商
迁怒他人	通过语言以及行为攻击不相干的人，拒听任何指令	学会识别令自己生气的根源（例如，被骂了或者被训了）；如果有人惹自己不开心，学会对他说出自己的感受，而不是大闹一场
意图报复	反唇相讥，反击他人，谁惹自己就偷谁东西	学会准确识别情绪、恰当表达情绪（也就是说以合适的方式说出自己的感受，比如，"你做了……，我感觉……，因为……"，怎样制止别人（做伤害你的事情），不搭理（骚扰、嘲笑、戏弄你的）人，向老师或者家长等报告

B. 进行任务分析

对该项技能进行任务分析，目的是将其分解成若干步骤。针对不同的个案学生，任务分析结果也不一定一致。如果分解得过细，那么学起来可能就会比较烦琐。反过来，如果分解得不够细，那么学起来可能就比较困难。举个例子，要帮助学生学会"如何称赞他人"这个技能，分解之后其中一个步骤是"夸别人长得好看"。有些学生可能明白什么样的话是"夸"，而有些学生可能不明白，那就需要进一步分解。在这里加上一个步骤，给学生示范说"我喜欢……"或者"你的……很好看"这种话就叫"夸"。教学过程中，应该注意观察学生是否已经掌握所教步骤。如果没有学会或者没有理解，那就需要进一步分解技能步骤。

C. 强调想法、观点和感受

重点强调图片中的人物在想什么，这是本书必不可少的一个部分。学生越是清楚别人在想什么、有什么感受，就越可能明白为什么要学会这项技能。重要的是，要让学生清楚地看到使用这项技能可以让他自己受益。让他明白这样做的话，对方会觉得高兴，就有可能给你你想要的东西或者愿意与你一起游戏。例如，"遭到拒绝怎么办"这项技能，示范的是对方先是拒绝了，你表示接受，对方可能感觉很好，之后没准儿就能给你你想要的东西。还有"游戏输了怎么办"这项技能，能让学生明白如果你输了之后没有大发脾气，那么别人可能就会愿意再跟你玩。

D. 系统整理成书

制作自己的图画书，可以有几种方式：首先，确定个案需要学习的技能，考虑该项技能涉及的想法以及语言，之后分析所有技能步骤，最后列出所需图片。尽量请个案学生出镜示范，先给他示范每一步怎么做，之后请他一步步演练所有技能步骤。即便学生不能完全理解该项技能，那也不用担心，因为在制作该书的过程中他们有机会不断学习强化。本书所用的社交技能图片都是使用数码相机拍摄的，之后使用 PowerPoint 软件进行后期编辑，加上了文字和对话框。使用其他照片处理软件或者桌面软件，制作过程都是类似的。或者，如果不是用数码相机拍照，也可以将照片洗出来粘在纸上。对话框和文字说明可以手写或者打印在彩纸上，粘到图片中。制作对话框的时候要注意颜色保持一致，表示图中人物说出来的话用一种颜色，表示他们内心想法的用另一种颜色，这样学生就不会搞混。学生不仅可以出镜做示范，也可以做些剪贴和收集工作。对于有些学生来说，可以把给这些技能排序的过程做成游戏，这也有助于他们进一步理解这些步骤。

最重要的是，整理成书的过程，不管有没有学生参与其中，都应该是令人愉快的。行为干预，无论对家长还是教师来说，都是一项极具挑战的任务。帮助学生学习替代行为的过程，其实是无比艰辛的，而使用社交技能图画书来进行干预，既有创意，又有意思，有助于缓解压力。家长和教师如果能放松一点儿，会反映在教学过程中，提高教学质量，帮助孩子或者学生进步。所以，请开心一点，打开脑洞吧。

技能步骤模板

这里提供两项技能的任务分析模板，之后就个性化的技能项目给出一些建议。根据个案情况需要分解技能步骤，尽可能让个案觉得使用方便、有趣好玩。

别当国际警察！

- 别人应该怎么做，不用你来告诉。要求他人遵守规则，这不是你该管的。如果你告诉别人应该遵守哪些哪些规则，或者别人没遵守你就喋喋不休，可能会把别人惹烦。

- 有些情况下，你可以告诉别人需要遵守哪些规则，比如：你是老师，你是老板，或者你有权管理他们；别人主动问你都有哪些规则；如果他们不遵守规则，会给自己或他人带来巨大危险。如果他们所做的事情伤害了你，使用第一人称开头的句型（以你自己的角度来说明规则要求），或者报告给其他成人。

害怕某种东西怎么办（请参考"害怕尝试新事物怎么办"技能）

- 告诉别人你很害怕，比跑掉、尖叫或者躲起来强。

- 心里默念"试过一次就不会这么害怕了"。

- 分解步骤，一次一个小目标，一步步尝试，一点点进步。例如，你害怕尝试某种没吃过的食物，那就先尝试看上一眼，之后看别人吃，然后闻闻看，接下来再舔舔，最后尝一小口。

- 感到恐惧的时候，找点能让自己冷静下来的事做。试试拿个毛绒动物玩偶，做深呼吸，或者读本书。

- 进行上述放松活动的时候，每一步都坚持数到三。

- 每成功一步，就给自己点个赞或者来点奖励。

碰到让自己炸毛的事怎么办

- 请参考"遭到拒绝怎么办""失误犯错怎么办"或者"遭到戏弄嘲笑怎么办"等技能。

提高随机应变的能力

- 请参考"学会协商"技能。

中断自己喜欢的活动

- 请参考"遭到拒绝怎么办"技能。

参考文献

Baron-Cohen, S. (1995). *Mindblindness*. Cambridge, MA: The MIT Press.

Durand, V. M. (1990). *Severe behavior problems: A functional communication training approach*. New York: Guilford Press.

Frith, U. (1989). *Autism: Explaining the enigma*. Oxford, England: Blackwell.

Gray, C. (1993). *The new social story book-illustrated edition*. Arlington, TX: Future Horizons, Inc.

Grodon, J. & LeVasseur, P. (1995). *Cognitive picture rehearsal: A system to teach self-control*. In K. A. Quill (Ed.) (1995), *Teaching Children with Autism*. Albany, NY: Delmar Publishing.

Hobson, R. P. (1996). *Autism and the development of the mind*. Mahwah, NJ: Lawrence Erlbaum Associates.

McGinnis, E.& Goldstein, A.(1997). *Skillstreaming the elementary school child: New strategies and perspectives for teaching prosocial skills*. Champaign, IL: Research Press.

Quill, K. A. (Ed.) (1995). *Teaching children with autism*. Albany, NY: Delmar Publishing.

第二部分

沟通技能

游戏技能

情绪管理技能

沟通技能

- 不要跟人挨得太近
- 保持倾听的姿态
- 想要插话怎么办1（打不开瓶盖，想求助）
- 想要插话怎么办2（拉不好拉链，想求助）
- 想要插话怎么办3（想要小伙伴的玩具）
- 怎样与人打招呼
- 与人交谈学会倾听
- 怎样开始聊天，怎样聊得下去1（聊眼前的事）
- 怎样开始聊天，怎样聊得下去2（聊过去的事）
- 如何结束对话
- 如何进行自我介绍
- 说话看场合，不要当话痨

不要跟人挨得太近

与人谈话的时候,有一条社交潜规则,那就是要和对方保持适当的距离,不管是站着,还是坐着。如果挨得太近,那就属于"侵犯他人空间"。

- 与人谈话时应该保持至少一臂的距离。
- 别靠得太近了。

　　(除非谈话对象是妈妈、爸爸或者近亲。)

■ 想要和别人一起玩，不管是大人还是小孩，都不要挨得太近。

恰当的方式

他们谈话的时候，保持了至少一臂的距离。

不恰当的方式

左边的男孩跟人挨得太近了，这种行为侵犯了他人的空间。

■ 跟人打招呼的时候不要挨得太近。

恰当的方式

他们保持了至少一臂的距离。

不恰当的方式

男孩跟老师挨得太近了,这种行为侵犯了他人的空间。

■ 排队的时候不要跟人挨得太近。

恰当的方式

他们之间保持了一定的距离。

不恰当的方式

孩子们互相挨得太近了，他们侵犯了彼此的空间。

小提示　有些时候是没有办法，只能跟别人挨得很近，比如，电梯里、公交车或者火车上人挤人的时候。这种情况是可以的。不过，如果确实还有些空间的话，那就尽量与他人保持一定的距离。

■ 和老师讲话的时候不要挨得太近。

恰当的方式

男孩和老师之间保持了至少一臂的距离。

不恰当的方式

学生们太靠近老师了，他们侵犯了老师的空间。

保持倾听的姿态

别人讲话的时候，要认真听，这一点很重要。认真听，对大脑有要求，对身体也有要求。我们这里讲的是对身体的要求。

- 要与对方进行目光接触。

- 手脚不要乱动。保持安静。

- 不要讲话。别人讲话的时候不要跟着讲。

■ 对方讲话的时候，要跟他进行目光接触。

恰当的方式

他们都看着说话的男孩。

不恰当的方式

他们都没看说话的男孩。

小提示　将身体转向说话的人。

■ 手脚不要乱动。保持安静。不要动来动去,也不要走来走去。

恰当的方式

他们都保持了安静。

前边的男孩在讲话,坐在地上的这些孩子却手舞足蹈的,这种行为很不礼貌。这表示他们根本不在乎这个男孩,也不在意他说了什么。

不恰当的方式

他们手舞足蹈的。

■ 保持安静。别人讲话的时候不要跟着讲。

恰当的方式

坐在椅子上的那个女孩在讲话，其他孩子都没有讲话。

不恰当的方式

坐在椅子上的女孩在讲话，其他孩子也在讲。

想要插话怎么办 1（打不开瓶盖，想求助）

- 有些情况下，别人正在忙着或者正在讲话的时候，插话是可以的。

    如果你需要帮助，需要问什么事情，或者需要别人指导。
    如果出现紧急情况。
    如果你需要什么东西。

- 走到你要求助的人面前，等到他们谈话或者活动中间有空的时候。

- 先说"不好意思，我打断一下"，之后再说你要什么东西或者要做什么事。

- 等到他们回应之后。

- 说了"谢谢"再走。

■ 先想想，你需要求助的事或者想问的事情、想要的东西，是不是很紧急，非插话不可。

男孩打不开饼干罐了。老师们在谈话，他想插话求助一下。

■ 走到你要求助的人面前，等到他们有空的时候。有空，指的是他们不说话了的时候。

恰当的方式

男孩走到老师旁边，等到她们不说话并看向他时。

不恰当的方式

男孩还没等老师说完就拽了老师的袖子。

■ 先说"不好意思,我打断一下",之后再说你要什么东西或者要做什么事。

恰当的方式

男孩先说了"不好意思,我打断一下",之后才求助。

不恰当的方式

男孩没说"不好意思,我打断一下",也没说请人帮忙做什么,就直接拽了老师的袖子。

■ 等到他们回应之后,说了"谢谢"再走。

男孩等着老师帮他打开罐子。

想要插话怎么办 2（拉不好拉链，想求助）

- 有些情况下，别人正在忙着或者正在讲话的时候，插话是可以的。

  如果你需要帮助，需要问什么事情，或者需要别人指导。

  如果出现紧急情况。

  如果你需要什么东西。

- 走到你要求助的人面前，等到他们谈话或者活动中间有空的时候。

- 先说"不好意思，我打断一下"，之后再说你要什么东西或者要做什么事。

- 等到他们回应之后。

- 说了"谢谢"再走。

■ 先想想，你需要求助的事或者想问的事情、想要的东西，是不是很紧急，非插话不可。

女孩拉不上外套拉链了。老师们在谈话，她想插话求助一下。

■ 走到你要求助的人面前，等到他们有空的时候。有空，指的是他们不说话了的时候。

恰当的方式

女孩走到老师旁边，等到她们不说话并看向她时。

不恰当的方式

女孩还没等老师说完呢，就拽住老师的袖子让老师注意到她。

■ 先说"不好意思,我打断一下",之后再说你要什么东西或者要做什么事。

恰当的方式

女孩先说了"不好意思,我打断一下",之后才求助。

不恰当的方式

女孩没说"不好意思,我打断一下",也没说请人帮忙做什么,就直接拽了老师的袖子。

■ 等到他们回应之后，说了"谢谢"再走。

女孩等着老师帮她把外套拉链拉上。

想要插话怎么办 3（想要小伙伴的玩具）

- 有些情况下，别人正在忙着或者正在讲话的时候，插话是可以的。

  如果你需要帮助，需要问什么事情，或者需要别人指导。

  如果出现紧急情况。

  如果你需要什么东西。

- 走到你要求助的人面前，等到他们谈话或者活动中间有空的时候。

- 先说"不好意思，我打断一下"，之后再说你要什么东西或者要做什么事。

- 等到他们回应之后。

- 说了"谢谢"再走。

■ 先想想，你需要求助的事或者想问的事情、想要的东西，是不是很紧急，非插话不可。

男孩想要个恐龙玩，但是女孩们在玩，他需要打断一下她们。

■ 走到你要求助的人面前，等到他们有空的时候。有空，指的是他们不说话了的时候。

恰当的方式

男孩走到女孩们旁边，等到她们不说话并看向他时。

不恰当的方式

男孩还没等女孩们玩好呢，就抓住女孩的肩膀让人家注意到他。

■ 先说"不好意思,我打断一下",之后再说你要什么东西或者要做什么事。

恰当的方式

男孩先说了"不好意思,我打断一下",之后才说他想要个恐龙玩。

不恰当的方式

男孩没说"不好意思,我打断一下",也没说他想要个恐龙玩,就直接伸手过去拿人家的恐龙。

■ 等到他们回应之后，说了"谢谢"再走。

男孩等着女孩给他一只恐龙。

怎样与人打招呼

- 与认识的人碰面,对他们说"你好",或者以其他方式打个招呼,这样做既友善又礼貌。

- 如果是早上第一次碰面,要说"早上好"。

- 在走廊偶遇,可以说"嗨"。

- 别人要走了,可以说"再见"或者"回头见"。

■ 如果每天都能见到，那么一天中第一次碰面的时候要说"你好"或者"嗨"。

这是学生们今天第一次见到老师，所以他们说"嗨"或者"你好"。

小提示　有些时候，与不太熟悉的人碰面，比如，新老师、校长或者商店营业员，又或者你常去的快餐店的服务员，对他们说"你好"，这样做既友善又礼貌。一天中第一次碰面的时候说"你好"就可以了，不用每次见到都说。

■ 如果是早上第一次碰面,要说"早上好"。

恰当的方式

这是学生今天第一次见到老师,所以她说"早上好"。

不恰当的方式

这是学生今天第一次见到老师,可是她什么都没说。

小提示　打招呼的时候,要微笑着看着对方的眼睛。

■ 在走廊偶遇,可以说"嗨"。

恰当的方式

他们在走廊偶遇了,都说了"嗨"。

不恰当的方式

他们在走廊偶遇了,都没说"嗨"。

小提示　打招呼的时候,要微笑着看着对方的眼睛,同时也可以挥挥手。

■ 别人要走了，要说"再见"或者"回头见"。

恰当的方式

女孩要走了，她说了"再见"。

不恰当的方式

女孩要走了，可是她什么都没跟老师说。

■ 别人要走了，要说"再见"或者"回头见"。

恰当的方式

贝克博士要走了，学生们都说了"再见""下次见"。

不恰当的方式

贝克博士要走了，可是学生们就像没看见一样，没有人说"再见"。

小提示　要微笑着看着对方的眼睛。

与人交谈学会倾听

- 对方讲话的时候，要跟他进行目光接触。

- 保持安静，不要乱动。

- 如果你有话要讲，要等对方中间有空的时候再说。中间有空，指的是对方不说话了的时候。

- 就对方所说的话问一个问题，这表示你对他所说的感兴趣。

■ 要与对方进行目光接触。

恰当的方式

右边的男孩正在讲话,其他学生都看着他。

不恰当的方式

右边的男孩正在讲话,可是其他学生都在东张西望。他们都没看着说话的男孩。

■ 别人讲话的时候，保持安静，不要乱动。

恰当的方式

右边的男孩正在讲话，其他学生都老老实实地坐在椅子上，安安静静地听他讲。

不恰当的方式

右边的男孩正在讲话，其他学生到处乱走，吵吵闹闹。

小提示　别人讲话的时候，可以时不时地点点头、笑一笑，表示你正在认真听。

■ 如果你有话要讲，要等到中间有空的时候。也就是说，对方正在讲话的时候，请保持安静，不要讲话。

恰当的方式

拿着恐龙的男孩在讲话，所以其他学生都没有说话。

不恰当的方式

拿着恐龙的男孩在讲话，其他学生也在说话。

■ 就对方所说的话问一个问题，这表示你对他所说的感兴趣。例1：

恰当的方式

旁边的女孩在男孩中间停顿的时候，就这只恐龙问了一个关于"什么"的问题。

不恰当的方式

学生们没有表现出良好的倾听能力。旁边的女孩问的问题也跟恐龙没有关系。

■ 就对方所说的话问一个问题，这表示你对他所说的感兴趣。例2：

恰当的方式

对面的女孩在男孩中间停顿的时候，就这只恐龙问了一个关于"哪里"的问题。

不恰当的方式

学生们没有表现出良好的倾听能力。对面的女孩问的问题也跟恐龙没有关系。

■ 就对方所说的话问一个问题，这表示你对他所说的感兴趣。例3：

恰当的方式

右边的男孩在这个男孩中间停顿的时候，就这只恐龙问了一个关于"多少"的问题。

不恰当的方式

学生们没有表现出良好的倾听能力。右边的男孩问的问题也跟恐龙没有关系。

怎样开始聊天，怎样聊得下去1（聊眼前的事）

有很多种方式可以开始一段对话，其中之一就是聊聊眼前的事。

- 一天中与某人第一次碰面的时候，可以打个招呼。（请参考第53页"怎样与人打招呼"）

- 就对方正在做的事情问一个问题。

    你在吃什么呢？
    你在玩什么呀？
    你在看什么书呢？
    你拿的是什么呀？

- 接下来，就这件事继续问一些有关"谁""什么""哪里""什么时候""为什么"以及"怎么样"的问题。

■ 一天中第一次碰面的时候，可以说"嗨""你好"，也可以正式一点儿问好。

小提示　请参考第53页"怎样与人打招呼"。记住要微笑着看着对方的眼睛。

■ 就对方正在做的事情问一个问题。例1：

如果对方正在吃饭，可以问：

■ 接下来，就这件事继续问一些有关"谁""什么""哪里""什么时候""为什么"以及"怎么样"的问题。

■ 就对方正在做的事情问一个问题。例2：

如果对方正在玩，可以问：

- 接下来，就这件事继续问一些有关"谁""什么""哪里""什么时候""为什么"以及"怎么样"的问题。

■ 就对方正在做的事情问一个问题。例3：

如果对方正在看书，可以问：

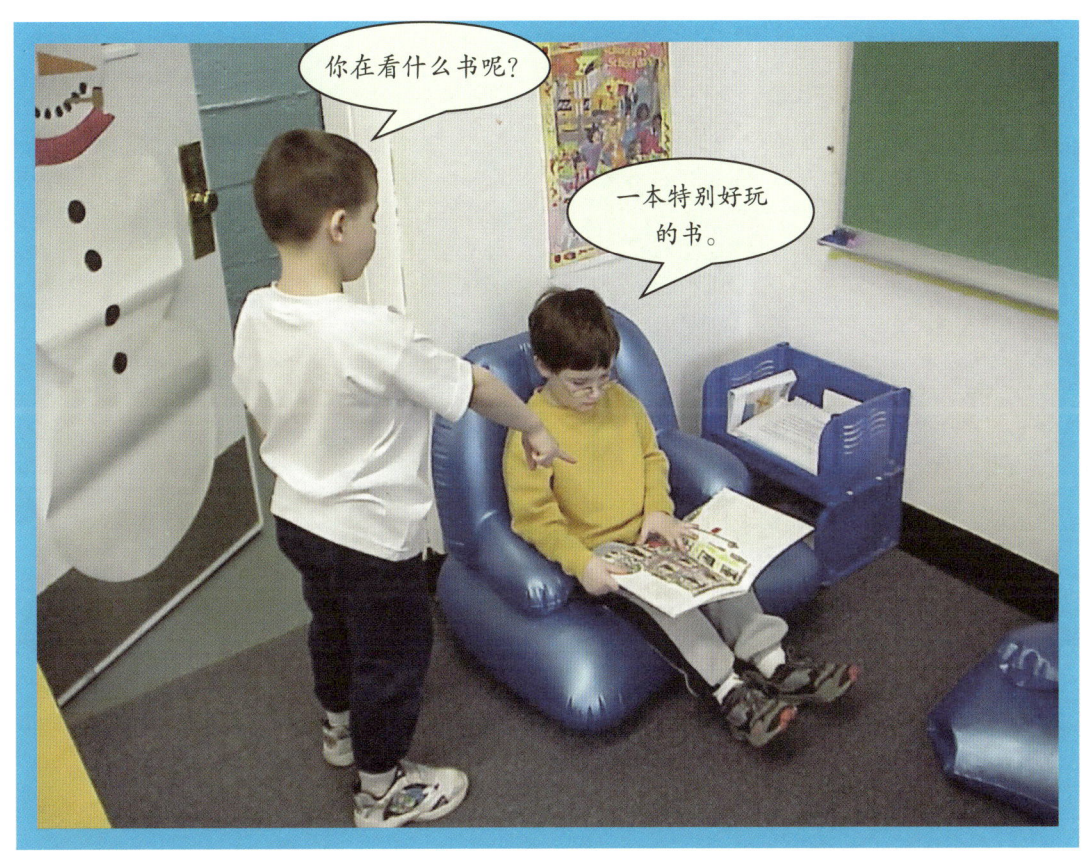

- 接下来，就这件事继续问一些有关"谁""什么""哪里""什么时候""为什么"以及"怎么样"的问题。

■ 就对方正在做的事情问一个问题。例4：

如果对方正拿着什么东西，可以问：

■ 接下来，就这件事继续问一些有关"谁""什么""哪里""什么时候""为什么"以及"怎么样"的问题。

怎样开始聊天，怎样聊得下去2（聊过去的事）

有很多种方式可以开始聊天，其中之一就是聊聊过去的事。当天早些时候发生的事，或者是前几天的事，都可以。

- 一天中与某人第一次碰面的时候，可以打个招呼。（请参考第53页"怎样与人打招呼"）

- 就对方之前做过什么问一个问题。

  你今天做什么了呀？你今天玩什么了呀？

- 还可以问下面这些问题：

  你今天看见谁了呀？上周末你都做什么了呀？今天上学感觉怎么样啊？

- 接下来，就这件事继续问一些有关"谁""什么""哪里""什么时候""为什么"以及"怎么样"的问题。

■ 一天中第一次碰面的时候，可以说"嗨""你好"，也可以正式一点儿问好。

小提示 请参考第53页"怎样与人打招呼"。记住要微笑着看着对方的眼睛。别和对方挨得太近，保持一定的距离。

■ 就对方之前做过什么问一个问题。

你今天做什么了呀?

我玩游戏了。

■ 接下来，就这件事继续问一些有关"谁""什么""哪里""什么时候""为什么"以及"怎么样"的问题。

■ 接下来，就这件事继续问一些有关"谁""什么""哪里""什么时候""为什么"以及"怎么样"的问题。

■ 想要聊下去的话，再问一个有关"谁""什么""哪里""什么时候""为什么"以及"怎么样"的问题。

■ 接下来，就这件事继续问一些有关"谁""什么""哪里""什么时候""为什么"以及"怎么样"的问题。

■ 接下来，就这件事继续问一些有关"谁""什么""哪里""什么时候""为什么"以及"怎么样"的问题。

你在游乐场和谁一起玩的呀？

我朋友，蒂姆。

■ 接下来,就这件事继续问一些有关"谁""什么""哪里""什么时候""为什么"以及"怎么样"的问题。

■ 接下来，就这件事继续问一些有关"谁""什么""哪里""什么时候""为什么"以及"怎么样"的问题。

■ 接下来,就这件事继续问一些有关"谁""什么""哪里""什么时候""为什么"以及"怎么样"的问题。

如何结束对话

有时候想要结束对话,是因为:

觉得没意思了。
该走了。
想要聊点别的话题或者做点别的事情。

- 想想是不是要结束对话。

- 如果是的话,那就再问对方至少一个问题。

- 等到对方回答之后,说:"跟你聊天真开心,不过我这会儿还有事要做,下次再聊哈。"

- 戴帽子的男孩在跟其他孩子说钓鱼的事。

■ 想想是不是要结束对话。

中间的男孩觉得没意思,右边的男孩该回家了,他们都不想再聊下去了。

小提示　与人对话的时候,应该时不时停下来,看看对方对自己说的是不是感兴趣。请参考第101页"说话看场合,不要当话痨"。

■ 如果想要结束对话，那就再问至少一个问题，等对方回答。

两个男孩各问了一个问题，之后结束了对话。

恰当的方式

中间的男孩问了一个问题，表示自己很感兴趣。

不恰当的方式

两个男孩直接走了，一个问题都没问，感觉好像一点儿兴趣都没有。

小提示　就对方所说的事情问一些问题，这会让对方觉得他说的话你听进去了。

■ 之后说:"跟你聊天真开心,不过我这会儿还有事要做,下次再聊哈。"

恰当的方式

中间的男孩解释了自己为什么不能再聊下去了,之后说了"再见"。

不恰当的方式

两个男孩直接走了,连句"再见"都没说,也没解释为什么走。

■ 也可以说"跟你聊天真开心,不过我该回家了,下次再聊哈"。

恰当的方式

右边的男孩解释了自己为什么不能再聊下去了,之后说了"再见"。

不恰当的方式

两个男孩直接走了,连句"再见"都没说,也没解释为什么走。

如何进行自我介绍

有些时候，我们需要与不认识的人打交道。这种情况下，就需要进行自我介绍。

- 如果对方正在讲话，那就等她停下来的时候再说。

- 走上前去，保持一臂距离，看着对方的眼睛。

- 说："我叫……你叫什么名字？"等待对方回应。

- 对方回答之后，说："很高兴认识你。"与对方握手。

■ 注意找准时机,再进行自我介绍。

老师领来一位新同学,介绍给班上其他孩子。

■ 如果老师正在讲话，那就等她停下来的时候再说。

左边的男孩等着老师讲完。

■ 走上前去,保持一臂距离,看着对方的眼睛。

恰当的方式

左边的男孩走到新同学面前,保持一臂距离,看着他。

不恰当的方式

左边的男孩看也不看新同学。

小提示　对着别人微笑,会让对方感觉你对他是欢迎的。

■ 说:"我叫……你叫什么名字?"等待对方回应。

小提示　记住在进行自我介绍的时候,要看着对方的眼睛。

- 说:"很高兴认识你。"然后与对方握手。

恰当的方式

左边的男孩和新同学保持一臂距离,握手,说:"很高兴认识你。"

不恰当的方式

左边的男孩和新同学挨得太近了,还拥抱了对方,而不是握手。

小提示 握手要用右手,不要太用力,时间也不要太长。握上之后摇三下左右,比较合适。拥抱一个陌生人,即便对方是同龄人,也不太合适。

说话看场合，不要当话痨

- 说话的时候，要注意观察对方对自己所说的话题是否感兴趣。

- 如果对方表现得有点不耐烦了或者不是特别感兴趣，那就问一下"你还想听吗？"

- 如果对方不想再听了，那就别再继续说了，或者问问"那你想聊点儿什么？"

- 左边手里拿书的男孩叫亚当,他正在聊有关鱼的话题。右边的男孩叫保罗,看起来很感兴趣。

亚当　　　　　　　　　　　　　保罗

小提示 从以下迹象能看出来保罗感兴趣:他也在看亚当手里那本书,同时身体转向亚当那边。

■ 说话的时候，要注意观察对方对自己所说的话题是否感兴趣。

亚当　　　　保罗

恰当的方式

亚当时不时地停下来看看保罗对他讲的是不是感兴趣。

亚当　　　　保罗

不恰当的方式

亚当一直自顾自地说，根本没注意保罗是不是感兴趣。

小提示 从以下迹象能看出来保罗不感兴趣：他转过来背对着亚当，东张西望的，表情看起来很无聊。

■ 如果对方表现得有点不耐烦了或者不是特别感兴趣，那就问一下"你还想听吗？"

亚当　　　　　　　　保罗

恰当的方式

亚当看出来保罗有点不耐烦了，于是问他还想不想再听了。

亚当　　　　　　　　保罗

不恰当的方式

亚当一直自顾自地说，根本没问保罗是不是感兴趣。

■ 如果对方不想听了,那就别再继续说了,或者问问"那你想聊点儿什么?"

亚当　　　　　保罗

恰当的方式

亚当问保罗想聊点儿什么。

亚当　　　　　保罗

不恰当的方式

亚当一直自顾自地说,根本没问保罗是不是感兴趣。

小提示　如果你不想换个话题,或者你不想聊对方想聊的话题,那就和他协商一下。(请参考第125页"学会协商")

游戏技能

- 怎样邀请小伙伴一起玩
- 怎样请求加入别人的游戏
- 学会分享
- 学会协商
- 学会轮流
- 学会一起游戏
- 游戏输了怎么办

怎样邀请小伙伴一起玩

- 找到要玩的东西。

- 走到你想一起玩的人面前。

- 等着对方看向你。

- 之后问:"你想跟我一起玩吗?"

■ 找到要玩的东西。

男孩想玩"医生看病"游戏。

■ 走到你想一起玩的人面前。

这个男孩走到左边的男孩面前，拿出了游戏盘。

■ 等着对方看向你。

男孩等着对方看向自己。

小提示　记住，要微笑着看着对方的眼睛。

■ 问对方："你想跟我一起玩吗？"

小提示　邀请对方一起玩的时候要面带微笑，这样看起来比较友好。给对方看看你想跟他一起玩什么。

怎样请求加入别人的游戏

- 想想是不是要加入别人的游戏。

- 走到他们面前,等到他们游戏中间有空的时候。

- 问问是否可以加入他们,可以说:"我能跟你们一起玩吗?"

- 如果他们说"不行"的话,那就去找别人玩。

■ 想想是不是要加入别人的游戏。

远处的男孩看到他们玩球，也想一起玩。

■ 走到他们面前，等到他们游戏中间有空的时候。

远处的男孩在等他们中间休息，那个时候他就可以请求加入了。

■ 问问是否可以加入他们，可以说："我能跟你们一起玩吗？"

恰当的方式

中间的男孩走到他们面前，问他们自己是否可以跟他们一起玩。

不恰当的方式

这个男孩什么都没说就上前拿球。

■ 如果他们说"不行"的话,那就去找别人玩。

他们没同意和他一起玩,所以他应该去找别人玩。

■ 如果他们说"不行"的话,那就去找别人玩。

恰当的方式

右边的男孩走到他们面前,问他们自己是否可以跟他们一起玩。

不恰当的方式

他们说了"不行",可是中间的男孩却抢了球就跑。

学会分享

- 仔细想想为什么要分享。

  分享能让别人开心。
  分享让别人觉得我喜欢他们。
  朋友之间应该分享。

- 主动与人分享自己的东西。

- 如果对方提出分享你的东西,那就和她一起分享。

■ 仔细想想为什么要分享。

如果中间的老师能把自己的咸脆饼分享给另一位老师和左边的学生，她们会很开心。她们以后有好吃的也愿意跟她一起分享。

■ 主动与人分享自己的东西。

恰当的方式

中间的老师给了女孩一块咸脆饼。

不恰当的方式

中间的老师没有分享自己的咸脆饼。

■ 如果对方提出分享你的东西,那就和她一起分享。

恰当的方式

右边的女孩给左边的女孩看自己的玩具。

不恰当的方式

右边的女孩不肯分享自己的玩具。

学会协商

- 问问对方想做什么。

  可以说:"你想玩什么呀?"
  等着对方回应。

- 等到对方回应之后,说说自己想做什么。

- 如果你们想做的事情不一样,那就一起商量商量。

  主动提出先做点儿对方想做的,再做点儿自己想做的。

- 先做点儿对方想做的,再做点儿自己想做的。

■ 问问对方想做什么。等着对方回应。

■ 告诉对方自己想做什么。

■ 如果你们想做的事情不一样,那就一起商量商量。主动提出先做点儿对方想做的,再做点儿自己想做的。

恰当的方式

他们决定各让一步,玩一会儿糖果乐园,再玩一会儿"医生看病"。

不恰当的方式

他们互不相让,一直没商量好到底玩什么。

■ 先做点儿对方想做的,再做点儿自己想做的。

恰当的方式

他们各让一步,玩一会儿糖果乐园,再玩一会儿"医生看病"。

不恰当的方式

他们互不相让,最后也没找到玩伴。

学会轮流

和小伙伴一起玩,或者大家一起玩的时候,每个人都希望自己有机会玩。要学会轮流,轮到自己时再玩,这样大家都有机会。

- 轮到别人玩的时候,要耐心等待。

- 可以在心里默念:"如果我耐心等待,早晚都会轮到我的。"

- 耐心等待了,大家都很高兴,就愿意给你机会。

■ 轮到别人玩的时候，要耐心等待。

保罗　　　　　　　　山姆　亚当

轮到保罗打球的时候，右边两个男孩在耐心等待。

■ 在心里默念:"如果我耐心等待,早晚都会轮到我的。"

保罗　　　　山姆　亚当

恰当的方式

右边两个男孩想着,如果耐心等待,早晚都会轮到自己的。

保罗　　　　山姆　亚当

不恰当的方式

右边两个男孩等不及了,他们想把球棒抢走。

■ 耐心等待了，大家都很高兴，就愿意给你机会。

恰当的方式

山姆一直等着，现在轮到他了。

不恰当的方式

右边两个男孩都没耐心等，所以就轮不到他们。

■ 现在轮到山姆玩了,另外两个男孩在等。

山姆　　　　　　　　　亚当　保罗

轮到山姆打球的时候,右边两个男孩在耐心等待。

- 在心里默念:"如果我耐心等待,早晚都会轮到我的。"

山姆　　　　　亚当　保罗

恰当的方式

右边两个男孩想着,如果耐心等待,早晚都会轮到自己的。

山姆　　　　　亚当　　　　保罗

不恰当的方式

亚当不等轮到自己就要去拿球棒。

■ 耐心等待了，大家都很高兴，就愿意给你机会。

恰当的方式

亚当一直等着，现在轮到他了。

不恰当的方式

亚当没有耐心等，所以就轮不到他了。

■ 现在轮到亚当玩了,另外两个男孩在等。

亚当　　　　　　　　　保罗和山姆

轮到亚当打球的时候,右边两个男孩在耐心等待。

■ 大家都轮流等待，所以每个人都玩得很开心。

游戏结束的时候，他们互相握手，成了好朋友。

小提示　除了握手，还可以互相击掌，或者说"太好玩啦"。

学会一起游戏

- **先问问游戏规则。**

  可以这样问:"这个游戏怎么玩?"

- **商量好谁先来。**

  让对方先来,可以说:"你先来吧。"

  如果是两人以上的游戏,可以用"手心手背"来决定谁先来。

  也可以用扔骰子来决定。点数最大的人先来。如果是双人游戏的话,可以扔骰子,也可以抛硬币。

  或者还可以用猜单双数的方法来确定先后。

- **轮流来。**

■ 老师问孩子们想不想玩追人游戏①。

---

① 译注：国内20世纪80年代称为"冰棍儿木头人"游戏，现在大多数孩子称之为"三个字"游戏，但是问了不同地区的人后发现，并不是所有人都能理解"三个字"是一种游戏，所以译成"追人游戏"。

■ 先问问游戏规则。

孩子们问老师游戏规则是什么，老师给他们做了解释。

■ 商量好谁先来。

孩子们都想自己先来,他们决定公平竞争。

■ 商量好谁先来。

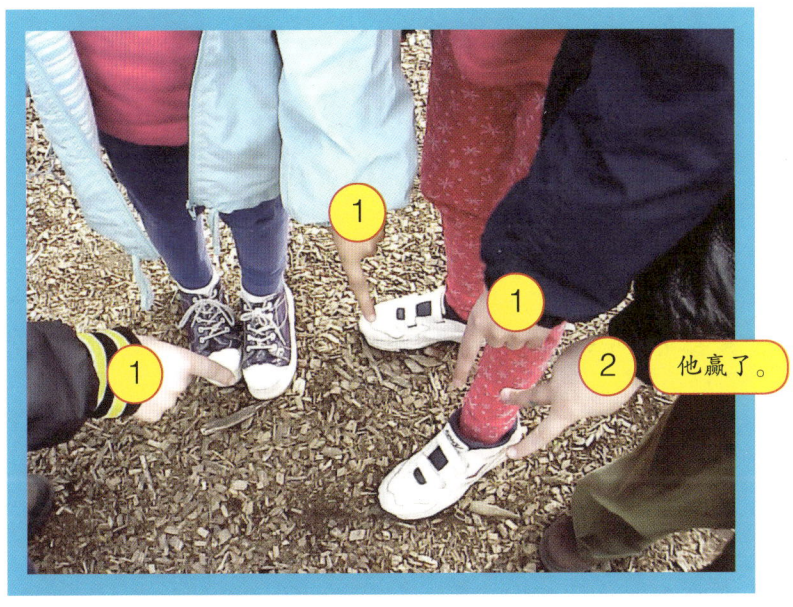

孩子们决定用"手心手背"① 来确定谁先当追人的。数到三,大家一起伸手,出手心或者手背都可以。如果有人出的和其他人不一样,那么他就胜出。如果大家出的都一样,那就再来一次,直到有人胜出为止。

---

① 编注:原书使用"怪手指就是它"(Odd finger is It)决定谁先来,为了便于国内读者理解规则,此处译者将其替换为"手心手背",因此文字描述与图片显示的并不一致。

■ 轮流来。

他在追人。

他在追人。

她在追人。

她在追人。

孩子们轮流当追人的。

游戏输了怎么办

跟朋友玩游戏，有时候会赢，有时候会输，输了的感觉可能不太好，让你觉得不太开心，还可能生气，或者非常难过。这种情况下，很重要的一点就是要知道游戏输了怎么办。这节课能帮你学会这一点。

- 可以在心里默念："就一局游戏而已。还可以再多玩几局啊。"

- 也可以这么想："我虽然输掉了游戏，但是却赢得了朋友，因为我能理智地对待输赢。"

- 可以说："这游戏挺好玩。"

■ 约翰和费尔在玩四子棋。

约翰　　　　　　　　　　费尔

■ 约翰输给了费尔。

■ 可以在心里默念:"就一局游戏而已。还可以再多玩几局啊。"

约翰　　　　　费尔

恰当的方式

约翰知道这就是一局游戏而已,他还可以再多玩几局。

约翰　　　　　费尔

不恰当的方式

约翰没有意识到他还可以再玩,于是一直又生气又难过。

小提示　想要帮助约翰保持冷静,不至于大发脾气,请参考第157页"怎样保持冷静"。

■ 可以这么想:"我虽然输掉了游戏,但是却赢得了朋友,因为我能理智地对待输赢。"

约翰　　　　　费尔

恰当的方式

约翰知道保持冷静,就不会失去朋友。

约翰　　　　　费尔

不恰当的方式

约翰生气了,大发脾气。

■ 说"这游戏挺好玩"。

约翰　　　　　　费尔

恰当的方式

约翰没有大发脾气，而是说："费尔，这游戏挺好玩。"

约翰　　　费尔

不恰当的方式

约翰一直在发脾气，这样可能会失去好朋友。

小提示　想要帮助约翰保持冷静，不至于大发脾气，请参考第157页"怎样保持冷静"。

■ 如果约翰能保持冷静，不发脾气，他们就可以继续做朋友，接着一起玩。

约翰　　　　　　费尔

恰当的方式

约翰没有发脾气，所以费尔还想跟他一起玩。

约翰　　　　　　费尔

不恰当的方式

约翰输了就大发脾气，所以费尔不想再跟他玩了。

情绪管理技能

- 怎样保持冷静
- 怎样表达共情
- 遭到拒绝怎么办
- 失误犯错怎么办
- 害怕尝试新事物怎么办
- 遭到戏弄嘲笑怎么办
- 怎样克服困难

怎样保持冷静

有时候，会发生一些事情，让你感到生气、难过、紧张或者有其他不舒服的感觉。这节课就能帮助你学会在这样的情况下保持冷静。

- **停下来，数到 10。**

  1—2—3—4—5—6—7—8—9—10

- **做三次深呼吸。**

- **做些好玩的事，让自己感觉舒服点儿。**

  画画、玩游戏、看电视或者听音乐，都行。

- **跟别人说说你的感受。**

  我很难过，因为……

  我很生气，因为……

■ 男孩犯错误了,老师让他回自己的座位坐好。

■ 男孩觉得有点儿难过，因为他做了让老师不喜欢的事。他还觉得有点儿生气，因为老师让他坐下。

■ 他想让自己冷静下来。于是他开始数数,一直数到 10。

恰当的方式

男孩开始数数,一直数到 10。

不恰当的方式

男孩一直在生气,没有想办法让自己冷静下来。

■ 做三次深呼吸。

恰当的方式

男孩做了三次深呼吸。

不恰当的方式

男孩一直在生气、伤心。

■ 做些好玩的事，让自己感觉舒服点儿。

恰当的方式

男孩画了会儿画，感觉好多了。

不恰当的方式

男孩一直在生气、伤心。

■ 跟别人说说你的感受。

恰当的方式

男孩跟朋友说了自己的感受。

不恰当的方式

男孩没想办法让自己冷静下来,一直在生气、伤心。

怎样表达共情

每个人都有自己的感受，别人的感受可能跟我们的一样，也可能跟我们的不一样。注意到别人的情绪，并且主动提供帮助，这就是"善解人意"。善解人意是一个优点，有助于我们交到朋友，并且让友谊地久天长。

- **别人难过了、生气了或者需要帮助了，要及时察觉。**

    先察言观色，对方是皱眉，还是在哭？再看看他们的身体语言，他们是无精打采地坐着，还是垂头丧气地趴着？他们捂住耳朵了吗？

- **可以问："你还好吧？"接着问："你怎么了？出什么事了吗？"**

- **问问对方是否需要帮助，可以说："需要帮忙吗？"**

- **如果他们说"是"，那就帮个忙。**

■ 例1：男孩做作业做得很辛苦，他觉得很难过。

■ 别人难过了、生气了或者需要帮助了,要及时察觉。

小提示　从以下迹象能看出来男孩碰到困难了:他无精打采地坐在椅子上,目光低垂、嘴角耷拉、眉头紧皱,什么都不做,也不跟人说话。

- 问:"你还好吧?出什么事了?"

■ 问问对方是否需要帮助。

■ 如果他们说"是",那就帮个忙。

女孩在帮男孩讲题。

■ 男孩觉得很开心,觉得女孩人很好。

■ 例2：男孩摔倒了，好像受伤了。

■ 别人难过了、生气了或者需要帮助了,要及时察觉。

小提示　从以下迹象能看出来男孩可能需要帮助:他躺在地上、手揉着肩膀,表情看起来很痛苦。

- 问:"你还好吧?出什么事了?"

■ 问问对方是否需要帮助。

■ 如果他们说"是",那就帮个忙。

红衣服男孩扶他从地上站了起来。

■ 例3：男孩很难过。他拿到一些巧克力豆，没想到都掉地上了。

■ 别人难过了、生气了或者需要帮助了,要及时察觉。

小提示　从以下迹象能看出来男孩有点儿难过:他看着地上,一手托着腮、一手指着地板,嘴角耷拉着,看起来不太高兴。

■ 问:"你还好吧? 出什么事了?"

■ 问问对方是否需要帮助。

■ 如果他们说"是",那就帮个忙。

右边的男孩又去拿了一些巧克力豆回来。

遭到拒绝怎么办

- 你跟家长或者老师提出要求,有时候他们可能会拒绝你。

  "妈妈,我能吃饼干吗?"
  "不行,马上吃晚饭了。"

- 这个时候,说"好的"就行了,不要发脾气。

  但是,有时候要做到这一点也不是很容易,尤其是你非常想要什么的时候。

- 如果你没有发脾气,而是接受了拒绝,对方可能会对你有个好印象。

  之后没准儿就能给你你想要的东西,或者允许你做你想做的事情。

* 如果你确实非常抓狂,那就参考第157页"怎样保持冷静"。

■ 你跟别人提出要求，有时候他们可能会拒绝你。

男孩想玩游戏，老师拒绝了他，告诉他先做作业。

■ 这个时候，说"好的"就行了，不要发脾气。

恰当的方式

男孩说了"好的"，没有发脾气。他知道过一会儿他就能玩了。

不恰当的方式

男孩接受不了拒绝，开始大发脾气。

■ 如果你接受对方的拒绝，她可能会觉得很高兴，之后没准儿就能允许你做你想做的事情。

恰当的方式

男孩先写作业，现在作业完成了，他就可以玩了。

不恰当的方式

男孩不能接受拒绝，也不愿意等完成作业再玩，所以到现在也没玩上。

失误犯错怎么办

每个人都会犯错。我们在学校、家里、饭店或者公共场所,都有可能犯错。有些是小错,比如,算错数了,有些是比较大的错,比如,弄坏了弟弟的玩具或者妈妈的灯具,又或者说了谎。人无完人,我们不可能永不犯错。重要的是,从错误中学到什么。

- 告诉自己"犯错没关系,人都是从错误中学习的"。

- 之后再试一次。

- 如果需要帮忙,那就请人帮忙。

- 告诉自己能从错误中学到东西,这很不错。

■ 老师给男孩布置了一些数学作业。

■ 男孩很努力地做作业。

■ 作业做错了一个地方。

■ 告诉自己"犯错没关系,人都是从错误中学习的"。

恰当的方式

男孩明白自己可以从错误中学到东西。

不恰当的方式

男孩认为犯错就不行,所以觉得很紧张。

■ 之后再试一次。

恰当的方式

男孩试着又做了一遍。他想改正错误。

不恰当的方式

男孩气得不行,不想做了。

小提示 有时候我们必须不断尝试,才能最终做对。重要的是,不断尝试,不要放弃!

■ 如果需要帮忙，那就请人帮忙。

恰当的方式

男孩没有因为犯错而发脾气，而是请人帮忙给他讲讲数学题。

不恰当的方式

男孩没有请人帮忙，而是大发脾气。

■ 老师帮助了男孩。

■ 告诉自己能从错误中学到东西,这很不错。

害怕尝试新事物怎么办

尝试新事物是一件很棒的事情。我们可能会尝试没吃过的东西、没玩过的游戏、没做过的运动或者平时不走的路。有时候这些尝试是我们喜欢的,有时候不是。不过没关系,重要的是,我们要勇于尝试。

- 如果你觉得害怕,可以跟人聊聊。

  告诉自己"刚开始有点害怕是正常的,试过了,就能感觉好一些"。

- 先做点自己喜欢的事情,让自己冷静下来。

- 看看别人是怎么做的。

- 请人解释一下应该怎么做。

- 自己尝试一下。

■ 左边的男孩想和朋友们一起玩游戏,但是他没玩过这个游戏,不敢试。

小提示　如果你害怕出错,请参考第 187 页"失误犯错怎么办"。

■ 如果你害怕尝试新事物,可以跟人聊聊。

男孩决定和老师聊聊他的感受。

■ 告诉自己"有点害怕是正常的,试过了,就能感觉好一些"。

小提示　尽管男孩还是有点害怕,但他愿意尝试一下,这就是勇敢的表现。

■ 先做点自己喜欢的事情，让自己冷静下来。

男孩看了一会儿书，让自己冷静下来。

■ 先看看别人是怎么玩的，有不明白的地方，问问他们。

左边的男孩一直在旁边看着另外两个男孩玩游戏，终于感觉没那么紧张了。他还问了他们这个游戏怎么玩。

■ 尝试一下。

男孩和大家一起玩游戏。

■ 男孩尝试了新事物，觉得很开心。

遭到戏弄嘲笑怎么办

- 先问问对方是不是在笑话你。

- 如果是,语气坚决地告诉他不要这样。

- 如果对方继续,那就告诉他你根本不在乎他说什么。

- 如果对方还是继续,那就不搭理他,然后走开。

- 如果他还是继续,那就告诉大人。

■ 右边的男孩在笑话左边男孩穿的鞋子。

小提示　有些玩笑是善意的，但有些是恶意的，是故意伤害别人。如果你分辨不出来这二者的区别，就请妈妈、爸爸或者老师给你解释一下。

■ 先问问对方是不是在笑话你。

■ 语气坚决地告诉他不要这样。

小提示　看着对方的眼睛，伸出手来，与他保持一臂距离，示意对方马上停止这种行为。

■ 如果对方继续,那就告诉他你根本不在乎他说什么。

■ 如果对方还是继续,那就不搭理他,然后走开。

小提示　这种情况下,背朝着别人是可以的。

■ 如果他还是继续,那就告诉大人。

怎样克服困难

有些事情很容易,但是有些事情比较难。这事可能是你学的某一门课,可能是一个新游戏,也可能是一项新运动或者户外活动。重要的是,尽管很难,也要不断尝试,这就是毅力。

- 努力做。

- 如果需要帮忙,那就请人帮忙。

- 如果觉得难过,可以请求休息一会儿。

- 休息好了回来,再试一次。

■ 努力做。

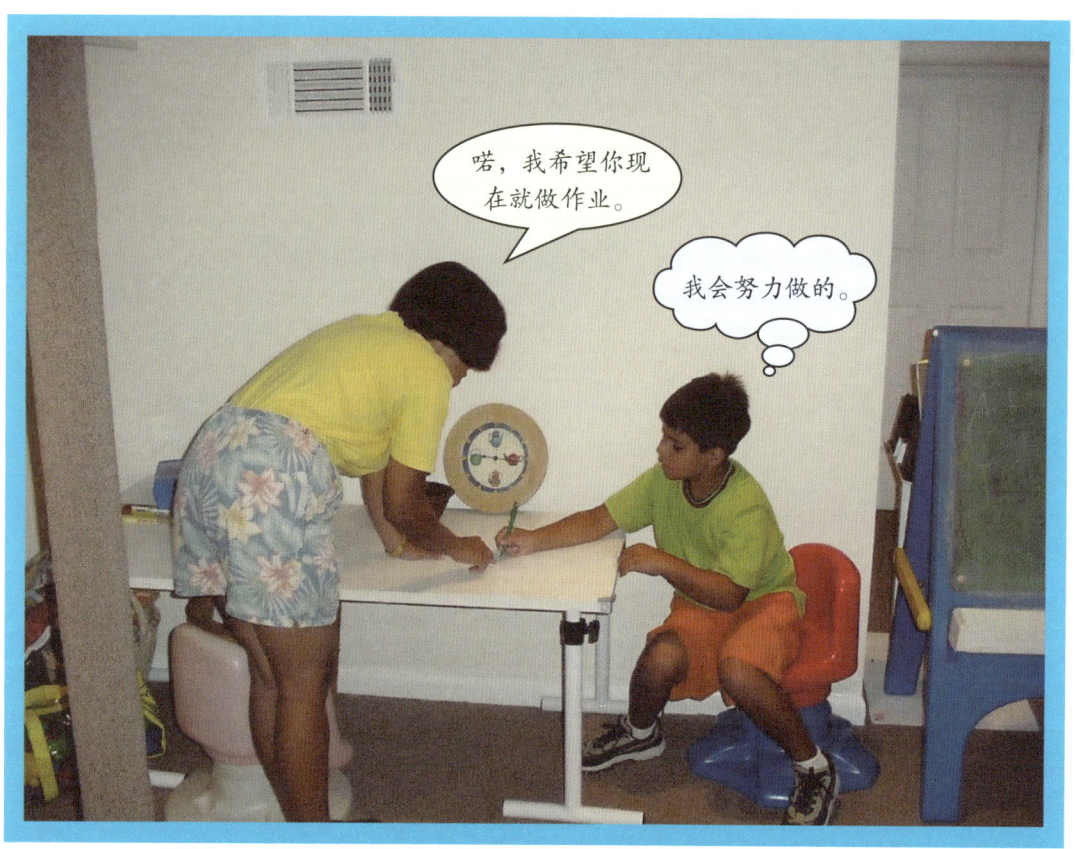

老师告诉男孩开始做作业,男孩很努力。

■ 如果需要帮忙，那就请人帮忙。

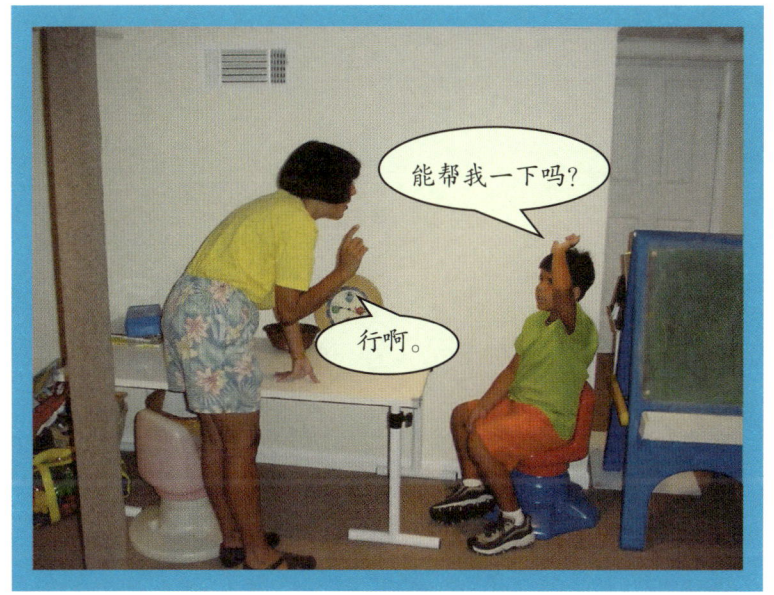

恰当的方式

男孩遇到困难了，于是找人求助。

不恰当的方式

男孩遇到困难了，他生气了。

■ 如果觉得难过，可以请求休息一会儿，冷静冷静。

恰当的方式

男孩觉得很难过，他请求休息一小会儿。

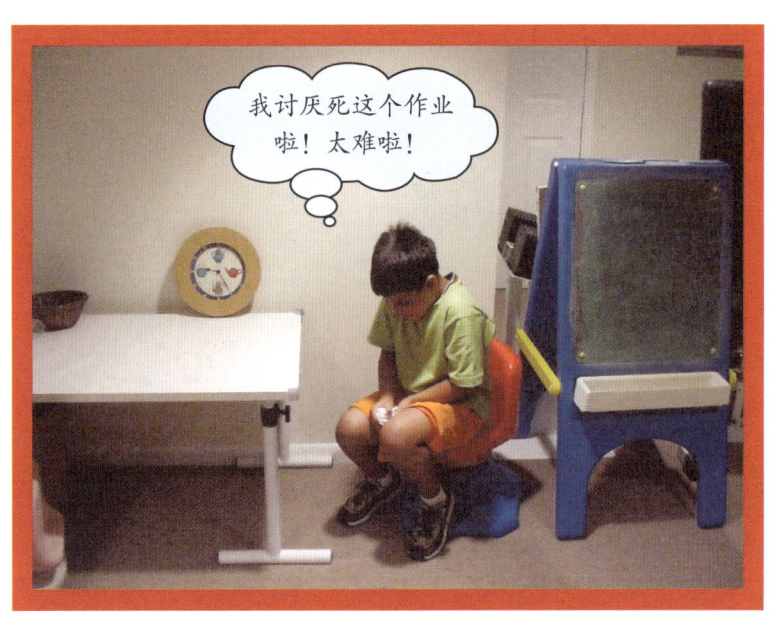

不恰当的方式

男孩觉得难过，把作业给撕了。

■ 男孩休息了五分钟。

小提示　利用休息时间让自己冷静下来。做些能让自己冷静下来的事情，比如，看书、玩喜欢的玩具、听听音乐或者深呼吸。（请参考第157页"怎样保持冷静"。）

■ 休息好了回来,再试一次。

男孩冷静下来,准备继续做作业。

■ 男孩完成了作业，现在可以玩了。

尽管作业很难，他还是不断尝试，最后终于完成了。

小提示　在家遇到困难，或者学习新东西的时候，也可以使用这个方法。尽管很难，但如果不断尝试，最终完成的时候，你会感到非常有成就感。

译后记

这套书是美国加州大学欧文分校教授、儿童心理学专家克瑞斯蒂·霍姆（Christy Hom）推荐给我的。2013年，她和同事盖尔·费尔南德斯（Gail Fernandez）来中国讲学，我是当时的随堂翻译。从那以后，我陆陆续续做了很多孤独症领域的翻译工作，渐渐发现国内给孤独症孩子的家长和老师看的书有不少，给孩子们自己看的书却不多，我问克瑞斯蒂国外有没有这样的书，她就推荐了这套书给我。

刚刚打开书就觉得眼前一亮——几乎所有讲孤独症干预的书都会强调社交技能很重要、视觉支持很有效，但是真的通过视觉支持教授社交技能并把这些过程用照片的形式详细描述出来，做成一个系列的图书，我还是第一次见。回忆起孩子小时候，我也用过画图的方式教过她什么是轮流，为什么不是每次在课堂上举手都能得到老师的提问，但苦于自己画技拙劣，每每都是灵魂画风，让人不得要领，要是那个时候就有这套书，我就不用那么苦恼了。

看完这套书以后，就一直在想国内什么时候能出这样的书呢？所以，当华夏出版社找到我的时候，我心里那份惊喜真是难以形容，觉得这一定是冥冥之中注定的缘分。这本书的理论部分是我翻译的，图画部分对应的文字是我的女儿桃桃翻译的。她的语言虽然稍显稚嫩，但殊为难得的是这是以一个小朋友的视角描述的，她还贴心地把书中一些游戏换成了中国小朋友熟悉的游戏，比如，将"Odd finger is It"换成了"手心手背"，将"Tic Tac Toe"换成了"四子棋"。我们还为"freeze tag"到底是翻译成我小时候玩的"冰棍木头人"还是他们这一代玩的"三个字"讨论了好久，最后决定各让一步，翻译成老少咸宜、南北通用的"追人游戏"。虽然她还不懂"本土化"的概念，但是她知道自己的翻译要让小朋友们容易懂。我问她想跟看这本书的小朋友说点什么，她说："希望他们觉得这本书有帮助。"我想，在这一点上，译者和孤独症孩子的家长、老师的思路应该是相通的，那就是站在对方的角度、照顾对方的感受，才能真正地架起沟通的桥梁，真正对他们有所帮助。

前面说过，这本书是使用照片的形式通过视觉支持教授社交技能，这句话说起来很容易，但是工作量之大难以想象。我在翻译过程中常常想，五六百张的照片，一张张拍下来，一帧帧排列好，若非有极大的热情，真的很难完成。这份热情，应该就是源于帮助这些小朋友的心吧。

希望这样的作者越来越多，也希望华夏出版社引进的好书越来越多。

陈烽

2021年9月3日 大连